COLLECTION CH. N...

ANTIQUITÉS
GRECQUES ET BYZANTINES

POTERIE, TERRES CUITES, VERRERIE, BRONZES,
MARBRES, ORFÈVRERIE, GLYPTIQUE, ETC.

VENTE AUX ENCHÈRES PUBLIQUES

HOTEL DROUOT, SALLE N° 10

Le Vendredi 23 Juin, à 3 heures,
et le Samedi 24 Juin, à 2 heures.

COMMISSAIRE-PRISEUR
Me MAURICE DELESTRE
5, rue Saint-Georges

EXPERTS
MM. ROLLIN & FEUARDENT
4, rue et place Louvois, Paris
et 6, Bloomsbury Street, Londres

EXPOSITION PUBLIQUE

Le Vendredi 23 Juin, de 1 heure et demie à 3 heures.

PARIS — 1905

CONDITIONS DE LA VENTE

Elle sera faite au comptant.

Les adjudicataires paieront DIX POUR CENT en sus des enchères.

L'exposition mettant le public à même de se rendre compte de l'état et de la nature des objets, il ne sera admis aucune réclamation une fois l'adjudication prononcée.

Paris. — Imp. de l'Art, E. MOREAU ET Cie, 41, rue de la Victoire.

ANTIQUITÉS
GRECQUES ET BYZANTINES

POTERIE

1. **Style primitif.** Aiguière, la panse couverte de cercles concentriques (noir sur terre jaune); sur le devant du goulot, dans un encadrement, un bouclier échancré. — Haut., 23 cent.

2. Petite amphore. — Deux têtes de femme et trois cygnes (noir sur terre jaune). Le couvercle manque. — Haut., 17 cent.

3. Petit lécythe, tout couvert de cercles et de grénetis (noir sur terre rougeâtre). — Haut., 7 cent.

4. Aiguière chypriote, de forme sphérique. — Cercles concentriques (noir et rouge sur terre blanche). — Haut., 20 cent.

5. **Corinthe.** Aryballe : deux sirènes éployées. — Haut., 15 cent.

6. Aryballe : procession de guerriers sur fond pointillé.

7. Aryballe : bouquetin paissant.

8. Aryballe : cartouche à quatre ailes.

9. Aryballe : oiseau éployé à tête d'homme. — Haut., 13 cent.

10. Amphore. — Sur le devant, trois cavaliers armés de boucliers ronds et de lances. Au revers, un combat. Sur la frise inférieure : deux lions, cinq sirènes et une cigogne (noir et rouge sur terre jaune). — Haut., 30 cent.

11. **Ancien style attique**. Petite amphore à tableaux : deux lions (noir et rouge sur terre jaune). — Haut., 22 cent.

12. Lécythe : coq et cygne (noir sur terre jaune).

13. Lécythe : Bacchus barbu assis entre deux Ménades.

14. Lécythe (noir et rouge sur fond blanc) : Silène montant dans un quadrige ; près de lui, Minerve, Bacchus barbu et un satyre.

15. **Vases à figures rouges**. Amphore : tête d'amazone près de son cheval ; derrière, une tête de griffon. Au revers, deux palestrites. — Trouvée en Crimée. — Haut., 28 cent.

16. Amphore : même sujet entre deux cols de griffon. Au revers, deux femmes debout. — Haut., 27 cent.

17. Petite amphore : tête d'amazone entre deux cols de griffon. Au revers, deux palestrites. — Haut., 22 cent.

18. Alabastron : femme tendant un coq à un jeune homme debout devant elle et s'appuyant sur un bâton. Entre eux, un chien.

19. Askos : aigle et tête de Mercure entre deux têtes de Victoire.

20. **Vases à décor plastique**. Lécythe façonné en poisson, forme très rare. — Haut., 23 cent.

21. Lécythe orné de reliefs. Deux frises, l'une sur la panse, l'autre sur l'épaule du vase : Vénus Anadyomène, amours sur des dauphins, bucrânes, amours au vol, etc. — Haut., 18 cent.

22. Lécythe façonné en tête de nègre ; terre grise. — Haut., 16 cent.

23. Autre, en forme de tête d'enfant ; terre rouge.

24. Vase pomiforme avec filtre : fleurettes dans des cadres en forme de fer à cheval ; terre blanche.

25. Coupe ornée de caducées ; terre grise.

26. Petite coupe imbriquée; terre grise.

27. Petite aiguière en forme de pomme de pin ; terre rouge.

28. Autre, en terre émaillée de jaune : grappes de raisin et pampres. — Haut., 11 cent.

29. Eulogie de saint Ménas.

30. Jolie aiguière cannelée, l'anse surélevée. — Haut., 30 cent.

31. Petite hydrie cannelée ; vernis noir.

32. Petite aiguière cannelée ; vernis noir.

33. Amphore cannelée; sur le col, deux guirlandes peintes en rouge et en blanc. — Haut., 20 cent.

34. Aiguière d'ancien style, à panse surbaissée, l'épaule ornée de rais gravés à la pointe.

35. Grande tasse à deux anses; vernis noir.

TERRES CUITES

36. Idole plate, de très ancien style, figurant une déesse coiffée d'un boisseau et parée de boucles d'oreilles, les bras ouverts. Traces de décor géométral. — Haut., 27 cent.

37. Autre, coiffée d'un diadème. — Haut., 26 cent.

38. Autre, le diadème dentelé. — Haut., 26 cent.

39. Idole plate, représentant une déesse assise, les bras abaissés symétriquement. — Haut., 23 cent.

40. Idole de style primitif, figurant une déesse à tête d'oiseau. Décor de lignes ondulées.

41. Déesse-mère debout, voilée et tenant un enfant dans son bras gauche. Revers plat. — Haut., 23 cent.

42. Grande figurine de femme drapée, debout. Terre rouge grossière. Les bras manquent. — Haut., 40 cent.

43. Prêtresse debout, dans le costume des Athéniennes du VIe siècle. Elle est coiffée d'un diadème et porte une aiguière et une patère ombiliquée. Base carrée. — Haut., 38 cent.

44. Femme vêtue du même double chiton attique, les mains abaissées et relevant un peu la draperie. Base carrée. — Haut., 30 cent.

45. Vénus debout sur un grand piédestal orné d'un masque (de Bacchus jeune) en relief. La tête ceinte d'un *strophium*, le haut du corps à découvert, elle retient de la main droite une draperie peinte en rouge. Le bras gauche manque. — Haut., 36 cent.

46. Femme drapée, debout, coiffée de feuilles et d'un petit diadème, les bras levés comme si elle tenait une bandelette. Au revers, le nom du fabricant : **MHNO** (δότου ?). — Haut., 29 cent.

47. Vénus nue, la jambe droite et l'épaule gauche seules couvertes d'une draperie, une amulette sur la poitrine. Sa main droite se rapproche de la bouche, l'autre tient une pomme. — Haut., 30 cent.

48. Femme drapée, debout, coiffée d'un diadème, chaussée de cothurnes et tenant à la main droite une patère (?) ciselée. Base carrée. — Haut., 29 cent.

49. Femme drapée et voilée ; l'avant-bras gauche manque. — Haut., 25 cent.

50. Amour tenant une coupe et une grappe de raisin ; un petit chien saute après la grappe et un cygne mange dans la coupe. Restes de coloration rose-tendre. Base moulurée. — Haut., 21 cent.

51. Jeune fille drapée, debout, dans le genre des figurines de Tanagra. Base plate. — Haut., 20 cent.

52. Jeune femme drapée, revenant de la fontaine et portant sur son épaule gauche un vase muni de son couvercle. Restes de coloration rose et bleue. Base plate. — Haut., 21 cent.

53. Terme drapé, imberbe. Base moulurée. — Haut., 22 cent.

54. Femme drapée. — Haut., 21 cent.

55. Amour accoudé sur un Terme barbu; à ses pieds, une amphore. Base moulurée. — Haut., 20 cent.

56-57. Deux autres exemplaires sortant du même moule.

58. Jeune fille ailée, portant des fruits dans le pan de sa draperie ; un petit chien saute après les fruits. Base ronde moulurée. Au revers, le nom du fabricant : ΘΕΟΓΑΜΟΥ. — Haut., 19 cent.

(*Voir planche I.*)

59-60. Deux autres exemplaires sortant du même moule.

61. Éphèbe, coiffé d'un *strophium* et accoudé sur un cippe. La main gauche manque. — Haut., 20 cent.

62. Phrygien debout, accoudé sur un cippe et jouant de la syrinx. — Haut., 20 cent.

63. Amour portant un fruit, qu'il cherche à soustraire à une oie qui le poursuit. — Haut., 18 cent.

64. Amour et Psyché s'embrassant. — Haut., 17 cent.

65. Femme drapée, les cheveux noués en crobyle.

66. Adolescent drapé dans son manteau; au revers : ΕΡ, initiales d'un nom de fabricant. — Haut., 16 cent.

(*Voir planche I.*)

67-68. Deux autres exemplaires sortant du même moule.

69. Vénus Anadyomène, tordant ses cheveux; à sa gauche, un dauphin.

70. Vénus Anadyomène; le bras gauche manque.

71. Amour assis à droite sur un rocher et jouant de la lyre. Base moulurée.

72. Enfant tenant une grappe de raisin et se défendant contre un coq.

73. Amour drapé dans un manteau rose tendre. L'aile droite est brisée.

74. Vénus Anadyomène, assise sur un paon. Base ronde moulurée. — Haut., 15 cent.

75. Femme drapée, assise et tenant une pomme à sa main gauche.

76. Autre exemplaire, sortant du même moule.

77. Déesse d'ancien style, diadémée, le bras droit replié sur la ceinture, la main gauche relevant la draperie. Revers plat.

78. Négresse accroupie, donnant le sein à un enfant. Base ovale cordelée. Égypte.

79. Jeune garçon debout, accoudé sur un cippe et portant des fruits dans le pan de sa chlamyde.

80. Femme drapée, assise sur un siège.

81. Acteur comique.

82. Enfant assis sur un dauphin et déployant son manteau en guise de voile. Sur la base, un masque de Pan en relief.

83. Jeune garçon tenant un masque scénique et s'accoudant à un cippe.

84. Amour accroupi, coiffé d'un bonnet phrygien, et cherchant à soustraire une grappe de raisin à un petit chien.

85. Femme drapée et voilée, debout, les bras dissimulés sous la draperie.

86. Terme d'Amour drapé (*Hermeros*).

87. Enfant nu, de formes grotesques, les cheveux noués en crobyle, une amulette suspendue au cou. Coloration antique.

88. Amour drapé dans une chlamyde, les jambes assemblées.

89. Enfant à califourchon sur un petit chien.

90. Femme diadémée, couchée sur un lit de repos. Au revers, **CTAXVC**, nom du fabricant. — Haut., 9 cent.

91. Buste de femme nue (fragment), les bras levés et soutenant une corbeille pleine de fruits qu'elle porte sur la tête.

92. Amour accroupi, tenant une grappe de raisin ; à sa droite, une oie qui demande à manger.

93. Jeune fille drapée, assise (sans bras).

94. Enfant accroupi, levant les bras.

95. Buste de Roma (fragment), casquée et tenant un bouclier rond.

96. Ephèbe phrygien assis, tenant une syrinx ; à ses pieds, un chien.

97. Fragment d'une figurine de Cybèle, assise sur un trône et portant un petit lion sur ses genoux.

98. Amour et Psyché s'embrassant (fragment).

99. Acteur comique portant une amphore sur sa tête.

100. Petit Amour tenant une colombe.

101. Stèle sépulcrale figurant un jeune homme drapé ; colonnes cannelées, fronton triangulaire.

102. Buste de femme drapée et coiffée d'un boisseau en forme de calice de fleur. Restes de couleur antique. — Haut., 17 cent.

103. Buste de femme drapée, de très joli style. Base ronde moulurée. — Haut., 20 cent.

104. Buste, à mi-corps, de jeune fille drapée et couronnée de fleurs.

105. Buste de jeune femme aux cheveux épars, le sein droit à découvert, la main gauche tenant une mèche de la chevelure.

106. Buste de femme drapée, le visage et le cou dorés.

107. Torse d'Amour adolescent ; très beau style. — Chypre.

108. Autre, de même style. — Chypre.

109. L'aigle légionnaire romaine dans une couronne de laurier.

110-115. Six figurines grotesques.

116. Cheval (articulé) ayant servi de jouet d'enfant.

117. Lion marin.

118. Porc éleusinien.

119-120. Deux petits chiens.

121. Tête de bélier ; terre grise.

122. Tortue.

123. Dauphin.

124. Petit chien couché en rond.

125. Tête de chèvre.

126. Singe assis, vêtu d'un manteau à capuchon.

127. Assemblage de fruits.

128. Massue.

129. Un lot de fleurs en terre cuite, ayant servi d'ornement à une couronne.

130-131. Deux clous magiques, portant des inscriptions chaldéennes.

132. Cavalier nu, coiffé d'un casque à long cimier. — Très belle figurine d'ancien style. — La queue du cheval manque. — Haut., 13 cent.

133. Amour endormi, assis sur un cube et s'appuyant sur une figurine d'acteur comique agenouillé. — Sujet intéressant. — Haut., 83 millim.

134. Pan assis sur un rocher, le pedum au bras gauche, un rhyton à la main droite. — Haut., 117 millim.

135. Enfant assis sur un cube; il est vêtu d'un chiton court et coiffé d'un diadème et de feuilles de lierre. — Haut., 11 cent.

136. Léda et le Cygne. Très joli groupe placé sur une base ronde et moulurée. — Haut., 19 cent.

(Voir planche I.)

137. Tête d'Hercule, de beau style grec.

138. Un grand lot de têtes et de fragments de figurines, trouvés en Chypre, dont plusieurs très belles.

139 — Grand pied votif; engobe blanc.

VERRERIE

140. **Verres blancs.** Grande bouteille piriforme, le goulot mouluré. — Haut., 31 cent.

141. Grand vase cylindrique; anse plate, coudée et cannelée. — Haut., 25 cent.

142. Même forme, pâte vert pâle. — Haut., 23 cent.

143. Même forme, la panse plus élégante. — Haut., 23 cent.

144. Bouteille pomiforme, le col évasé. — Haut., 21 cent.

145. Autre, avec goulot mouluré.

146. Autre, plus petite, le goulot évasé et orné d'une collerette.

147. Flacon muni de piquants et de cercles agglutinés. — Haut., 18 cent.

148. Grande aiguière à goulot trilobé. — Haut., 17 cent.

149. Flacon à parois minces; irisation argentée.

150. Flacon piriforme; collerette au goulot.

151. Flacon à parois épaisses; irisation métallique.

152. Flacon piriforme, le goulot en entonnoir.

153. Bocal carré; anse plate et striée.

154. Autre, plus étroit.

155. Autre, plus petit et plus large.

156. Gobelet à col évasé.

157 Lécythe pomiforme ; anse coudée.

158. Verre à boire, de forme très élégante.

159. Petite tourie ; anse plate et cannelée.

160. Bocal carré, ayant sur chaque face une légère dépression.

161. Flacon piriforme, d'un galbe très gracieux.

162. Autre, le col plus élancé.

163. Verre à boire, très léger, côtelé au moyen de quatre dépressions.

164. Autre exemplaire, les dépressions plus profondes.

165. Autre, semblable.

166. Verre à boire, de forme cylindrique.

167. Lécythe à panse renflée.

168. Lécythe orné de cannelures ; forme rare.

169. Lécythe en forme de pomme de coing ; anse plate et coudée.

170. Flacon pomiforme, sans anse.

171. Flacon piriforme, côtelé au moyen de quatre dépressions ; forme rare.

172. Petit flacon en forme de balustre, entouré d'un fil agglutiné.

173. Flacon en pâte vert pré ; parois épaisses.

174. Flacon cylindrique.

175. Verre à boire, s'amincissant vers l'embouchure.

176. Autre, à quatre côtes saillantes.

177. Verre à boire ; panse en forme de cône tronqué.

178. Autre, avec collerette.

179. Autre, sans pied.

180. Lécythe sans pied, le haut de la panse côtelé, le goulot moulure.

181. Petit flacon pomiforme.

182. Verre à boire; fil agglutiné servant de collerette.

183. Lécythe à panse conique.

184. Petit lécythe à six pans.

185. Petit verre à boire, très léger, à quatre dépressions.

186. Petite urne en pâte verdâtre.

187. Coupe ombiliquée, à parois très épaisses.

188. Autre, avec très belle irisation argentée.

189. Autre, plus petite, la panse ornée de cercles concentriques gravés à la meule.

190. Petite coupe.

191. Petit verre à boire, avec collerette agglutinée.

192. Petit flacon à deux anses.

193. Biberon.

194. Coupe côtelée, en verre verdâtre.

195-196. Deux coupes munies de petites anses et se faisant pendant.

197. Petite patère ombiliquée.

198. Petite coupe en forme d'entonnoir.

199. Lot de douze flacons de formes diverses.

200. **Verres à pâte colorée.** Grand flacon en pâte vert-bleuâtre.

201. Petite coupe en verre bleu-cobalt.

202. Flacon à huile, avec des anneaux de bronze dans les anses; pâte verte.

203. Coupe en verre améthyste.

204. Petite amphore bleu-cobalt, les anses en pâte plus claire.

205. Joli petit flacon piriforme en verre bleu.

206. Petite coupe en verre bleu; parois épaisses.

207. Autre, à panse surbaissée.

208. Petite coupe en verre améthyste

209. Petit flacon en verre bleu.

210. Petite coupe en verre bleu, l'orifice mouluré.

211. Petit flacon sphérique en verre bleu.

212. Joli petit flacon en verre émeraude, muni de trois pieds, orné de trois disques et d'une collerette.

213. Épingle en verre jaune.

214. Lot de verres minuscules, de perles, d'un petit bracelet, etc.

215. **Verres en pâte simulant des pierres précieuses.** Flacon piriforme, la pâte ressemblant au sardonyx.

(*Voir planche III.*)

216. Flacon en pâte jaune, veinée de blanc (albâtre miellé).

(*Voir planche III.*)

217. Petit flacon, la pâte simulant les veines du sardonyx.

218. Coupe en pâte blanc-opaque; restes de peinture représentant des algues marines.

219. **Verres moulés.** Flacon à long col, orné de cannelures en torsade.

220. Coupe côtelée, en verre jaune.

221. Autre, plus basse.

222. Flacon en forme de corps de guêpe; verre jaune.

223. Autre, avec deux anses bleues.

224. Même forme, en pâte améthyste; anses bleu-cobalt.

225. Petit barillet à deux anses; verre bleu.

226. Petit flacon en forme de pomme de pin; verre bleu.

227. **Verres multicolores**, dits **phéniciens**. Petite amphore pointue par le bas; verre bleu, incrusté de filets blancs et de plumes blanches. — Haut., 15 cent.

228. Même forme; pâte bleue, incrustations blanches.

229. Petite amphore, pointue par le bas, les anses remplacées par deux bourrelets saillants. Pâte bleu-cobalt; plumes et rubans incrustés en bleu-pâle.

230. Même forme; pâte bleue, incrustations jaunes et blanches.

231. Petite amphore, la pointe amortie par un bouton, la panse côtelée; pâte bleu-cobalt; incrustations jaunes et blanches.

232. Même forme; incrustations jaunes et vertes.

BRONZES

FIGURINES

233. Minerve debout, coiffée d'un casque corinthien, l'égide sur la poitrine. Elle porte le double chiton qui retombe jusqu'aux pieds et qui laisse les bras à découvert. Le bras gauche s'appuyait sur une lance, la main droite était tendue en avant. Les yeux sont incrustés d'argent.

Haut., 12 cent. — Les avant-bras manquent. — Base en lapis.

234. Diane chasseresse, tenant une patère à libations.

235. Priape portant des fruits dans le pan de son manteau.

236. L'enfant Iphiclès assis.

237. Enfant assis, mangeant une grappe de raisin.

238. Jeune homme assis, tenant une patère et un fruit.

239. Pan debout, tenant son pedum et portant des fruits dans sa nébride.

240. Vénus Anadyomène; couronnement d'épingle.

241. Petite Victoire debout sur un globe et tenant une palme et une couronne. Très joli style.

242. Enfant assis, tenant une grappe de raisin.

243. Amulette ornée d'une tête grotesque et munie d'un anneau de suspension.

244. Figurine drapée, de style barbare, tenant une épée nue, qui a dû servir de support à une lampe. Elle est placée sur un balustre à quatre pieds mobiles terminés en têtes de fauves. — Patine verte.

245. Esclave en tunique succincte, portant une outre sur l'épaule.

246. Diane chasseresse tenant une flèche.

247. Figurine barbare (de type germanique) assise, la tête énorme, le corps serré dans un manteau.

248. Taureau passant. Très beau bronze grec, à patine verte. — La queue manque. — Socle en marbre noir. — Haut., 12 cent.

(Voir planche II.)

249. Petit taureau passant.

250. Bœuf Apis.

251. La louve romaine.

252. Bœuf bossu de la Bactriane.

253. Dauphin. — Cheval. — Singe accroupi sur un chapiteau. — Aigle, etc.

254. Tête de lion; décor de meuble.

255. Tête de chatte égyptienne.

ARMES ET OUTILS

256. Dix pointes de lance, de formes variées.

257. Pointe de lance barbelée ; très rare.

258. Deux plaques de ceinturon, dont l'une dorée (lions dévorant des bouquetins). — Garde d'épée, etc.

259. Grand strigile, muni d'un anneau.

260. Cinq autres, dont un avec poinçon romain.

261. Trois miroirs, dont l'un orné de cercles et de points clos, l'autre à bords découpés.

264. Ciseaux, spatules, pincette, clous, etc.

265. Lot de clefs ouvragées.

266. Balance, dite *romaine;* sur le fléau, l'inscription : ZOH TOY T.... ; deux crochets, dont l'un avec sa chaînette.

267. Petit fléau de balance.

268. Peson en forme de figurine barbare.

269. Grande suspension de balance.

270. Pelle munie d'un manche en forme de massue.

271. Sceau privé, du XVIIe siècle. Cuivre argenté.

VASES

272. Grande et belle chytra en bronze, l'anse amortie par une feuille de lierre. — Haut., 34 cent.

273. Grande coupe à cannelures torses. — Diam., 26 cent.

274. Autre, cannelée. — Diam., 29 cent.

275. Grande coupe à deux becs, la poignée décorée d'une tête de griffon

d'ancien style, le couvercle de la cuvette façonné en pétoncle. — Long., 30 cent.; haut., 25 cent.

(*Voir planche IV.*)

276. Autre, la poignée formée de tiges recourbées et terminées par des boutons, le couvercle de la cuvette façonné au tour. — Long., 20 cent.; haut., 14 cent.

(*Voir planche III.*)

277. Grande coupe plate. — Diam., 25 cent.

278. Autre, pareille. — Diam., 21 cent.

279-280. Deux petites coupes.

281-282. Deux coupes arabes, dont l'une incrustée d'argent.

283. Coupe à parois épaisses, l'orifice et le pied façonnés au tour.

284. Patère, le manche orné de graffites.

285. Coupe ombiliquée.

286. Lampe à deux becs.

287. Vase pomiforme.

288. Petit lécythe; goulot en entonnoir.

289. Lécythe sans anses; collerette et goulot mouluré.

290. Autre, oviforme, sans décor.

291, Petit lécythe à panse s'élargissant vers le haut.

292. Aryballe godronné; goulot en entonnoir.

293. Petit lécythe à panse surbaissée, sans anse.

294. Amphorisque avec son couvercle et ses anneaux de suspension.

295. Petit vase cylindrique, avec anneau et un reste de chaînette.

296. Petit vase pomiforme.

297. Lampe avec son couvercle.

298. Manche de patère, cannelé et terminé par une tête de bélier.

299 à 304. Six anses de vases, dont trois à décor d'animaux.

305. Très jolie situle égyptienne, ornée de figurines en relief.

OBJETS VARIÉS

306 à 308. Trois décors de meuble, d'art persan (taureau et figurine grotesque).

309. Suspension ornée de deux dauphins.

310. Pieds de lit.

311. Bagues, clochette, etc.

312. Moule de contorniate. A l'avers : **MACEDONI NIKA**. Aurige debout, tenant un fouet et une palme. **IE** dans le champ. Au revers : **INCLITVS**. Cheval à gauche ; **IE** dans le champ.

PLOMBS

313. Relief de la Renaissance (amours tenant des couronnes de roses).

314. Figurine portant une corne d'abondance.

315-16. Deux petits vases ornementés.

317. Poids antiques : Athènes, Cyzique, etc. — Huit pièces.

318. Poids orné de la tête (en relief) de Persée, roi de Macédoine.

319. Grand poids cordiforme de Cyzique, portant le nom de l'hipparque P. Aelius Hermippus. — Patine blanche.

320. Balle de fronde grecque : aigle éployé et épée nue.

321-322. Amulette grecque du XVIIe siècle. — Bulle ornée d'une tête de Serapis.

323-325. Deux amulettes et une gourde byzantines.

3

GLYPTIQUE

(FIGURINE, CAMÉES ET INTAILLES)

326. Horus à tête d'épervier, accroupi. — Jolie figurine égyptienne en hématite.

327. Buste de femme drapée et voilée, de face. — Camée grec du IVe siècle. Améthyste chevée. Nez brisé.

328. Tête laurée d'empereur, en agatonyx. — Buste d'homme barbu et drapé, de face; sardonyx pâle. — Deux pièces de la Renaissance.

329. Grand buste casqué de Minerve, à gauche; pâte de verre (brisée), simulant le sardonyx. — Double masque de femme en pâte bleue; tête d'épingle antique.

330. Cylindre hétéen en hématite : taureau de sacrifice et adorant devant un dieu assis; animaux dans le champ.

331. Sceau babylonien en chalcédoine : dieu assis devant une table d'offrande; adorant debout; croissant dans le champ.

332. Sceau babylonien en jaspe rouge : adorant devant deux arbres sacrés. Sur le tour : divinité debout dans un croissant, adorant debout, etc.

333. Cinq pierres dites *des Iles*, ornées de gravures de style primitif. Sujets : bouquetins, feuilles d'arbre, etc. — Agate rubanée, silex et cornaline.

(*Voir planche V.*)

334. Scarabée étrusque en cornaline : guerrier debout, menaçant un ennemi renversé.

(*Voir planche V.*)

335. Autre, en agate rubanée : homme marchant à côté de son cheval.

336. Scarabéoïde grec d'ancien style : bouquetin courant. — Chalcédoine perforée.

(*Voir planche V.*)

337. Horus enfant accroupi sur une vasque; dans le champ, un astre, un croissant et les lettres ΠΑ à rebours. — Jaspe rouge.

338. Fortune tenant un gouvernail et une corne d'abondance. ΛΟϹƐΡΓΑΒΑϹ (sardonyx). — Éphèbe debout, tenant un sceptre et une patère. ΑΡΑΒΙΚΟϹ (hématite). — Buste de Mercure. Ι·ΟV (cornaline). — Fortune tenant des épis; lettres dans le champ (cornaline).

339. Buste drapé et diadémé de Sabine (?); derrière, ΜΙΘ. — Améthyste.

340. Silène et Faune (sardoine). — Amours lutteurs et homme tenant une palme (sardoine). — Fortune et Victoire affrontées (jaspe rouge). — Amours lutteurs et Pan (jaspe rouge).

(*Voir planche V.*)

341. Ephèbe nu, accoudé sur une colonnette et tenant son parazonium; devant lui, un casque, une cuirasse et un bouclier. — Grand sardonyx à deux couches.

342. Jeune homme nu, tenant une lyre et s'appuyant sur un tronc d'arbre. — Agate brune.

343. Jupiter assis (chalcédoine). — Amour tenant une lampe et le papillon psychique (nicolo). — Amour enfant, tenant une corbeille (sardoine).

344. Buste de jeune fille ajustant sa tunique (sardoine).

(*Voir planche V.*)

345. Buste casqué de Mars (sardoine). — Tête d'Hercule jeune (cornaline). — Buste de philosophe, de face (agate noire). — Buste d'homme drapé (sardoine).

346. Grande tête d'Hercule jeune, couverte de la peau de lion (nicolo).

347. Masque de femme (cornaline). — Buste d'Hygiée (sardoine). — Masque de théâtre (cornaline). — Grylle (cornaline).

348. Masque de Silène (sardoine). — Buste d'homme barbu (sardoine).

349. Lion debout devant un trophée (cornaline blonde). — Taureau (grenat). — Lion en arrêt (agate rubanée). — Coq et petit chien (cornaline). — Oiseau sur une branche (cornaline). — Mouche (jaspe rouge). — Foudre ailé (cornaline). — Coiffure isiaque (cornaline).

ORFÈVRERIE, ARGENTERIE, ETC.

350. Bague en or, sertie d'une intaille en sardoine, qui représente une jeune fille assise devant un adolescent nu, debout, et tenant son parazonium.

351. Bague en or, sertie d'une cornaline (masque de Silène).

352. Bague en or, le chaton orné d'une sardoine (tête barbue).

353. Bague en or, sertie d'un nicolo (masque imberbe).

354. Bague en or, à huit pans, ornée d'un très petit sardonyx à trois couches (dauphin).

355. Petite bague en or, avec émeraude en cabochon.

356. Petite bague en or (palme gravée).

357. Bractée en or : AMI-ΣΟΥ, trépied.

358. Paire de boucles d'oreilles en or, représentant des têtes de femmes.

359. Autre paire, figurant une tige noueuse, arrondie.

360. Paire de boucles d'oreilles en or, d'ancien style grec (têtes de chimères).

361. Grande boucle d'oreille en or, de même style, figurant une tête de veau; tige tordue, gorgerin filigrané.

362. Épingle (incomplète), en forme d'amphore. Le corps de l'amphore est en agate rubanée. Au sommet, une prime d'émeraude. — Fragment de son pendant.

363. Grenat serti dans une cupule d'or à deux anses.

364. Pendentif en forme de croissant, orné d'une palmette en filigrane, les pointes amorties par des rosaces et des grappes. Anneau de suspension. — Or.

365. Pendentif byzantin en or ajouré. Monogramme accosté de deux paons. Sur les bords, sept lentilles en or creux.

366. Épingle en cuivre doré.

367. Petit collier d'or en jaseron, la chaîne ornée de dix perles. Un camée en sardonyx (tête de Méduse) sert de pendentif.

(*Voir planche V.*)

368. Petit collier en or, d'un travail très fin. Il se compose d'un grand nombre de perles d'or cannelées, de deux massues et d'un barillet filigrané.

369. Petit scarabée égyptien en argent; hiéroglyphes sur le plat.

370. Plaque de ceinturon en argent : masque de lion.

371. Petit aigle perché sur un bélier couché. — Argent.

372. Épingle d'argent, terminée par une main droite tenant une pomme.

373. Bague en argent doré; monogramme grec sur le chaton.

374. Petit collier de perles antiques.

375. Deux petits bracelets en verre irisé, l'un orné de pâtes vertes en cabochon. — Perle en verre multicolore.

376. Polyèdre en basalte noir, portant des lettres grecques.

377. Petite main droite en marbre, tenant un grain de blé. Travail très fin.

IVOIRES

378. Manche de poignard égyptien, orné d'une figurine.

379. Deux figurines égyptiennes en relief découpé.

380. Cuillères, spatules, épingles, serrure de coffret, boîte cylindrique, etc.

381. Cynocéphale égyptien accroupi; tête humaine barbue, amulette suspendue au cou.

382. Fragment d'un petit bas-relief byzantin, représentant un saint nimbé, debout et tenant une croix. — XIe siècle.

(*Voir planche V.*)

MARBRES

383. Bas-relief votif, représentant trois nymphes dansant devant Pan assis sur un rocher et jouant de la syrinx. — Long., 74 cent.; haut., 50 cent.

(*Voir planche VI.*)

384. Bas-relief archaïque de Sparte, représentant Pluton et Proserpine assis à gauche sur un trône, l'un tenant un canthare, l'autre déployant son voile. — Marbre de Paros. — Haut., 40 cent.; larg., 32 cent.

385. Tête d'adolescent, ceinte d'une large bandelette; travail rudimentaire du VIe siècle. — Calcaire. — Haut., 30 cent.

386. Belle tête de Diane chasseresse, ouvrage grec de l'époque hellénistique. — Marbre de Paros. — Haut., 30 cent.

387. Statuette de Victoire, tenant deux palmes. Les jambes manquent à partir des genoux. — Marbre de Paros. — Haut., 25 cent.

388. Statuette d'adolescent nu, le manteau sur l'épaule, une corne d'abondance au bras gauche. — Jambes brisées au-dessous des genoux. — Marbre de Paros. — Haut., 14 cent.

389. Petite tête de Bacchus barbu.

390. Petite tête de Vénus, le diadème décoré de rosaces. — Marbre de Paros.

391. Petit lion couché.

392. Fragment d'un pied d'homme.

393. Petit fragment d'un pied d'homme chaussé d'une sandale; sur l'attache de la courroie, un masque de Méduse.

394. Fragment d'une tête de lion.

395. Deux seins de femme; petit bas-relief votif portant l'inscription :

ΚΥΠΡΟΓΕΝΕΙΑ ΘΕΑ ΚΟΥΡΗ ΕΥΧΗΝ.

396. Petite stèle votive cintrée, figurant deux oreilles. Inscription :

ΚΛΑΥΔΙΑ ΙΝΔΗ ΠΕΡΙ ΤΟΥ ΕΑΥΤΗΣ ΑΝΔΡΟΣ ΑΦΡΟΔΙΤΗ ΕΥΧΗΝ.

397. Quelques fragments.

398. Belle et intéressante coupe en albâtre, ornée d'une inscription cunéiforme en cinq lignes.

399. Urne égyptienne en albâtre, avec son couvercle.

400-403. Quatre flacons égyptiens en albâtre, de formes variées.

404. Tablette quadrilatère, taillée en biseau, comme celles qu'on trouve dans les tombeaux des oculistes romains. — Schiste vert.

405. Petit fleuron en schiste vert.

---

405. Objets non catalogués : poterie antique, terres cuites, etc.

58

136

66

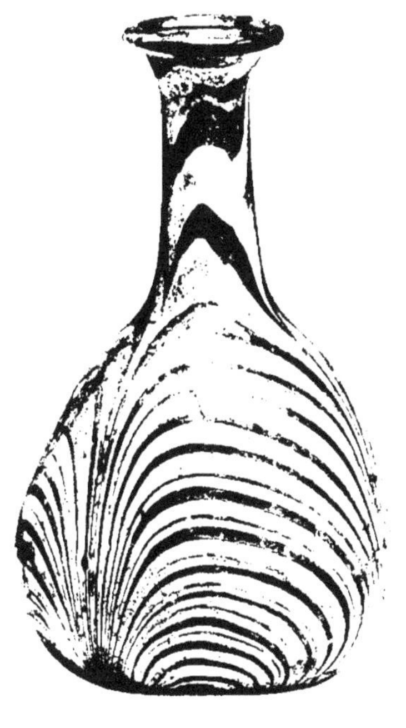

215

216

276

O.A. LONGUET, imp. phot

275

344

334

340

382

333

336

367

D.A. LONGUET, imp. phot.

www.ingramcontent.com/pod-product-compliance
Ingram Content Group UK Ltd.
Pitfield, Milton Keynes, MK11 3LW, UK
UKHW021039180726
13838UKWH00004B/1899

9 782329 408392